Trainingsplan für ein Krafttraining zur Gewichtsreduzierung

Anika Kretz

Bibliografische Information der Deutschen Nationalbibliothek:

Die Deutsche Nationalbibliothek verzeichnet diese Publikation in der Deutschen Nationalbibliografie; detaillierte bibliografische Daten sind im Internet über http://dnb.d-nb.de abrufbar.

ISBN: 9783346569585
Dieses Buch ist auch als E-Book erhältlich.

Einsendeaufgabe

Fachmodul: Trainingslehre 2

Studiengang: Ernährungsberatung

Datum
Präsenzphase: 22.06.-25.06.2020

Name, Vorname: Kretz, Anika

Semester: **WS 2018**

Inhaltsverzeichnis

1   Diagnose

Für meine Person im Folgenden aus Datenschutzrechtlichen Gründen „Person X" ge-
nannt, wurde eine Trainingsplanung für das Krafttraining über einen Zeitraum von 6 Mo-
naten erstellt.

1.1   Allgemeine und biometrische Daten

Tabelle 1: Allgemeine Daten der Person mit Bewertung (eigene Darstellung)

Erfasste Parameter	Person X	Bewertung
Alter	22	Stellt keine Einschränkung für zukünftige Trainingsplanung dar
Metabolisches Alter (TA-NITA Messung)	21	Optimal, da es jünger als das biologische Alter ist
Geschlecht	Weiblich	Stellt keine Einschränkung für zukünftige Trainingsplanung dar
Körpergröße	1,73 m	Stellt keine Einschränkung für zukünftige Trainingsplanung dar
Körpergewicht	70 kg	Stellt keine Einschränkung für zukünftige Trainingsplanung dar
Body Mass Index (BMI)	23,4	Optimal, da es innerhalb des Normbereiches liegt (Norm: 18,5-24,9 (World Health Organization, 2000))
Taille-Hüft-Quotient	0,8	Norm: Unter 0,85 (International Task Force for Prevention of Coronary Heart Disease., 1998; Wechsler, Schusdziarra, Hauner & Gries, 1996)
Körperfettanteil in %	25%	Optimal, da im Normbereich von 21-33% bei 20-39-Jährigen (Gallagher et al., 2000)
Muskelmasseanteil (TA-NITA Messung)	51 kg	Möglichkeit, diesen Anteil mithilfe von Gerätetraining noch zu erhöhen

Trainingsmotive	Fettmasse reduzieren und Muskelmasse aufbauen, Leistungssteigerung	Zukünftige Trainingsplanung begünstigt das Erreichen von genannten Motiven
Berufliche Tätigkeit	Studentin	Stellt keine Einschränkung für zukünftige Trainingsplanung dar
Aktuelle sportliche Aktivität	Seit 1 1/2 Jahren: Eigengewichtstraining 2x pro Woche ca. 45 Minuten	Sehr gute Voraussetzung, um den Trainingsplan langfristig einzuhalten
Frühere sportliche Aktivität	5 ½ Jahre: Cheerleading 1x pro Woche 60 Minuten 4 ½ Jahre: Fußball 2x pro Woche circa 90 Minuten	Sehr gute Voraussetzung, da sie höchstwahrscheinlich eine gute Koordination, Grundausdauer und Muskelmasse aufweist.
Zeitlicher Verfügungsrahmen	3x pro Woche 60 Minuten	Optimal, um mit einem Ganzkörpertraining jede Muskelgruppe mindestens 2-3 mal pro Woche zu beanspruchen
Leistungsstufe	Fortgeschrittener (Strack und Eifler, 2005)	Sehr gute Voraussetzung, um den Trainingsplan langfristig in das Training zu integrieren.

Tabelle 2: Biometrische Daten der Person mit Bewertung (eigene Darstellung)

Erfasste Parameter	Person X	Bewertung
Blutdruck	124/82 mmHg	Optimal, Normwerte: 120-129/80-84 mmHg (Weltgesundheitsorganisation, 2015)
Ruhepuls	70 Schläge pro Minute	Optimal, Normwert: 60-80 Schläge pro Minute
Orthopädische Probleme	Keine	Optimale Ausgangssituation
Internistische Probleme	Keine	Optimale Ausgangssituation
Ärztliche Behandlungen	Keine	Optimale Ausgangssituation
Einnahme von Medikamenten	Keine	Optimale Ausgangssituation

Sonstige gesundheitliche Einschränkungen	Keine	Optimale Ausgangssituation
Bewertung Belastbarkeit und Trainierbarkeit	Optimal	Optimale Ausgangssituation

1.1.1 Bewertung der allgemeinen und biometrischen Daten

Person X weist einen sehr guten Gesundheitszustand auf. Alle gemessenen Größen indizieren einen optimalen Ausgangszustand und liegen innerhalb der wissenschaftlich anerkannten Normwerte. Da die Person angibt, bereits seit mehr als einem Jahr mehrmals pro Woche sportlich aktiv zu sein, wird die Leistungsstufe auf Fortgeschritten eingeschätzt. Das Ausführen eines geeigneten Ausdauertests wird somit ohne Bedenken empfohlen.

1.2 Leistungsdiagnostik/Ausdauertestung

1.2.1 Darstellung Ausdauertest

Tabelle 3: Darstellung Testform (eigene Darstellung)

Testform	Hollmann-Venrath-Test
Beschreibung Testverfahren	Beginnend mit einer Eingangsbelastung von 30 Watt wird alle drei Minuten die Belastung um 40 Watt gesteigert. Begleitend dazu wird nach jeder Minute die Herzfrequenz gemessen und in das Testprotokoll eingetragen. Die Wattleistung wird so lange gestei-gert, bis die Testperson die definierte Zielherzfrequenz erreicht hat. Dann wird die erreichte Wattstufe bis zum Ende, also bis die drei Minuten auf dieser Stufe vollendet sind, durchfahren. Danach wird der Test abgebrochen (Dhfpg, 2021).
Begründung Testverfahren	Für Person X kommt vor Allem der Hollmann-Venrath-Test in Frage, da es sich um eine junge Frau eines fortgeschrittenen Leistungszustandes handelt, welcher eine Belastbarkeit von mindestens 150 Watt zugetraut wird.
Testgröße	Wattzahl der zuletzt durchgefahrenen Belastungsstufe bei Erreichen der definierten

	Pulsobergrenze bzw. Zeitinterpolation, wenn die Zielherzfrequenz vor dem Ende der entsprechenden Belastungsstufe erreicht wird.
Abbruchgrenze	Überschreiten der vorher festgelegten Zielherzfrequenz nach IBN Außerdem: Subjektive Beschwerden, Angina-Pectoris-Symptomatik (Engegefühl in der Brust), Atemnot (Dyspnoe), zu starker Blutdruckanstieg (> 230/115 mmHg), fehlender (normaler) Blutdruckanstieg, Blutdruckabfall unter Belastung, subjektive Erschöpfung, starker Hustenreiz unter Belastung, Schmerzen (Kopfschmerzen, orthopädische Probleme), Schwindel, Blässe und kalter Schweiß, Übelkeit
Anmerkungen	Den Kunden aufmerksam beobachten, um gesundheitliche Zwischenfälle zu vermeiden
Eingangsbelastung	30 Watt
Stufendauer	3 Minuten
Trittfrequenz	Ca. 60-80 U/min
Zielherzfrequenz	150 S/min (145 S/min plus einen Zuschlag von 5 S/min, da sie 3-mal moderates Ausdauertraining pro Woche betreibt)

Tabelle 4: Darstellung des Ausdauertests von Person X (eigene Darstellung)

Dauer	Wattzahl
0-3 Minuten	30 Watt
3-6 Minuten	70
6-9 Minuten	110
9-12 Minuten	150
12-15 Minuten	190 Abbruch nach 15 Minuten, da die Zielherzfrequenz erreicht wurde.

1.3 Gesundheits- und Leistungsstatus der Person

Tabelle 5: Bewertung des Leistungsstatus nach Normbewertung (relative Watt-Soll-Leistung)

Watt/Kg KG	2,7
Bewertung n. Normtabelle	0,665 = sehr gute Ausdauerleistung Person X hat eine hohe Ausdauerleistungsfähigkeit. Der Gesundheits- und Leistungszustand ist optimal. Es herrscht ein optimaler Ausgangszustand im Hinblick auf die Belastbarkeit bzw. Trainierbarkeit

2 Zielsetzung/Prognose

2.1 Zielsetzung/Prognose

2.1.1 Relevante Ziele auf Basis der Diagnosedaten

Tabelle 4: Zielformulierung und Begründung (eigene Darstellung)

Ziel (Inhalt)	Ausmaß	Zeit
Gewichtsreduktion	5 kg	6 Monate
Begründung Ziel 1: Person X möchte 5 kg Gewicht reduzieren. Sie erhofft sich zufriedener mit ihrem Körper zu sein und die relative Soll-Watt-Leistung zu steigern, was Ziel 3 begünstigt.		
BMI senken	Um 0,3 kg/m2	4 Monate
Begründung Ziel 2: Unterstützung des Ziels der Gewichtsreduktion und der Leistungsverbesserung.		
Leistungssteigerung der Soll-Watt-Leistung	Erhöhung um mind. 0,5 Watt/kg Körpergewicht	6 Monate
Begründung Ziel 3: Kunde X möchte die Leistung beim nächsten Ausdauertest erhöhen, da sie bessere Leistung erwartet hatte.		

3 Trainingsplanung Mesozyklus

3.1 Grobplanung Mesozyklus

Tabelle 7: Konzept Mesozyklus 1 (eigene Darstellung)

Zyklusdauer	6 Wochen
Trainingsziel/e bzw. Trainingsbereich/e	Leistungsverbesserung, Gewichtsverlust, Erhöhung des Fettstoffwechsels
Belastungsumfang pro Woche	3 Stunden
Trainingsmethoden	- extensive Dauermethode - variable Dauermethode - intensive Dauermethode - regenerative Dauermethode
Trainingsintensitäten	- 50-60 % Hfreserve (regenerativ DM) - 60-70 % Hfreserve (extensiv DM) - 70-80% Hfreserve (intensiv DM) - 50-80% Hfreserve (variable DM)
Trainingshäufigkeit/Woche	3-4x/Woche
Dauer pro Trainingseinheit	- 30-40 min (regenerativ DM) - 50-60 min (extensiv DM) - 40-50 min (Intensiv DM) - 40-50 min (variable DM)
Trainingsgeräte	Laufband, Jogging Outdoor, Crosstrainer

3.2 Detailplanung Mesozyklus

Tabelle 9: Detaillanung Mesozyklus (eigene Darstellung)

Woche 1	Di	Do	Sa	So
Trainingsziel	Entwicklung und Stabilisierung GA 1	Entwicklung & Stabi- lisierung GA1 & GA2	Entwicklung und Stabilisierung GA 1	-
Trainingsmethode	extensive Dauermethode	Variable Dauermethode	Extensive Dauermethode	-
Trainingsintensität	60-65% Hfreserve	50-70% Hfreserve 50-55% (extensiv) 65-	60-65% Hfreserve	-

8

		70% (intensiv)		
Trainingsherzfrequenz (berechnet nach der Karvonen-Formel)	142-148 S/min	129-154 S/min 129-135 S/min (ex.) 148-154 S/min (int.)	142-148 S/min	-
Trainingsdauer	50 Minuten	40 Minuten (5:5)	50 Minuten	-
Trainingsgerät	Jogging Outdoor	Laufband	Jogging Outdoor	-
Bewegungsform				-
Woche 2	Di	Do	Sa	So
Trainingsziel	Entwicklung & Stabi- li- sierung GA1 & GA2	Aufbau & Stabilisie- rung GA 1	Entwicklung & Stabi- lisie- rung GA1 & GA2	Aufbau & Stabilisie- rung GA 1
Trainingsmethode	Variable DM	Extensive Dauerme- thode	Variable DM	Extensive Dauerme- thode
Trainingsintensität	50-70% Hfre- serve 50-55% (extensiv) 65-70% (inten- siv)	60-65% Hfre- serve	50-70% Hfre- serve 50-55% (extensiv) 65-70% (inten- siv)	60-65% Hfreserve
Trainingsherzfrequenz	129-154 S/min 129-135 S/min (ex.) 148-154 S/min (int.)	142-148 S/min	129-154 S/min 129-135 S/min (ex.) 148-154 S/min (int.)	142-148 S/min
Trainingsdauer	40 Minuten (5:5)	50 Minuten	40 Minuten (5:5)	50 Minuten
Trainingsgerät	Laufband	Jogging Outdoor	Laufband	Jogging Outdoor

Bewegungsform				
Woche 3	Di	Do	Sa	So
Trainingsziel	Aufbau & Stabilisierung GA 1	Entwicklung & Stabi- lisierung GA1 & GA2	Aufbau & Stabilisierung GA 1	Entwicklung der GA2
Trainingsmethode	Extensive Dauermethode	Variable DM	Extensive Dauermethode	Intensive DM
Trainingsintensität	60-65% Hfreserve	50-70% Hfreserve 50-55% (extensiv) 65-70% (intensiv)	60-65% Hfreserve	70-75% Hfreserve
Trainingsherzfrequenz	142-148 S/min	129-154 S/min 129-135 S/min (ex.) 148-154 S/min (int.)	142-148 S/min	154-161 S/min
Trainingsdauer	55 Minuten	40 Minuten (5:5)	55 Minuten	40 Minuten
Trainingsgerät				
Bewegungsform	Jogging Out-door	Laufband	Jogging Out-door	Crosstrainer
Woche 4	Di	Do	Sa	So
Trainingsziel	Rekom	Entwicklung & Stabi- lisierung GA1 & GA2	Aufbau & Stabilisierung GA 1	Entwicklung der GA2
Trainingsmethode	Extensive Dauermethode	Variable DM	Extensive Dauermethode	Intentsive DM
Trainingsintensität	50-60% Hfreserve	50-70% Hfreserve 50-55% (extensiv) 65-	60-65% Hfreserve	70-75% Hfreserve

		70% (inten-siv)		
Trainingsherzfrequenz	129-142 S/min	129-154 S/min 129-135 S/min (ex.) 148-154 S/min (int.)	142-148 S/min	154-161 S/min
Trainingsdauer	30 Minuten	40 Minuten (5:5)	55 Minuten	40 Minuten
Trainingsgerät	Jogging Out-door	Laufband	Jogging Out-door	Crosstrainer
Bewegungsform				
Woche 5	**Di**	**Do**	**Sa**	**So**
Trainingsziel	Aufbau & Stabilisie-rung GA 1	Entwicklung & Stabi- lisie-rung GA1 & GA2	Aufbau & Stabilisie-rung GA 1	Entwick-lung der GA2
Trainingsmethode	Extensive Dauerme-thode	Variable DM	Extensive Dauerme-thode	Intentsive DM
Trainingsintensität	60-65% Hfre-serve	50-70% Hfre-serve 50-55% (extensiv) 65-70% (inten-siv)	60-65% Hfre-serve	70-75% Hfreserve
Trainingsherzfrequenz	142-148 S/min	129-154 S/min 129-135 S/min (ex.) 148-154 S/min (int.)	142-148 S/min	154-161 S/min
Trainingsdauer	60 Minuten	45 Minuten (5:5)	60 Minuten	40 Minuten
Trainingsgerät	Jogging Out-door	Laufband	Jogging Out-door	Crosstrainer
Bewegungsform				
Woche 6	**Di**	**Do**	**Sa**	**So**

11

Trainingsziel	Aufbau & Stabilisierung GA 1	Entwicklung & Stabilisierung GA1 & GA2	Aufbau & Stabilisierung GA 1	Entwicklung & Stabilisierung GA1 & GA2
Trainingsmethode	Extensive Dauermethode	Variable DM	Extensive Dauermethode	Intentsive DM
Trainingsintensität	60-65% Hfreserve	50-70% Hfreserve 50-55% (extensiv) 65-70% (intensiv)	60-65% Hfreserve	70-75% Hfreserve
Trainingsherzfrequenz	142-148 S/min	129-154 S/min 129-135 S/min (ex.) 148-154 S/min (int.)	142-148 S/min	154-161 S/min
Trainingsdauer	60 Minuten	45 Minuten (5:5)	60 Minuten	45 Minuten
Trainingsgerät	Laufband	Jogging Outdoor	Laufband	Jogging Outdoor
Bewegungsform				

3.3 Begründung Konzept und Übungsauswahl

3.3.1 Begründung zum angestrebten wöchentlichen Belastungsumfang
3.3.2 Begründung zu den ausgewählten Trainingsmethoden
3.3.2.1 Extensive Dauermethode

Trainingswirkung der extensiven Dauermethode ist vornehmlich in der langen Belastungsdauer und der damit in Verbindung stehenden relativ geringen Belastungsintensität zu sehen (vgl. Abb. 49). Hierbei wird in erster Linie der aerobe Kohlenhydrat- und mit zunehmender Dauer vor allem der Fettstoffwechsel zur Energiebreitstellung

Die weiteren Trainingswirkungen der extensiven Dauermethode liegen vor allem in der Ökonomisierung der Herz-Kreislauf-Arbeit, der verbesserten peripheren Durchblutung und damit in der Entwicklung einer guten Grundlagenausdauer (vgl. Kapitel 8.3). Des Weiteren sind in diesem Kontext besonders die positiven Auswirkungen auf die Gesundheit hervorzuheben. Dabei ist insbesondere die positive Beeinflussung der Blutfette, die Stärkung des Immunsystems sowie die Senkung des Blutdruckes und des Ruhepulses etc. zu nennen.

3.3.2.2 Variable Dauermethode

3.3.2.3 Intensive Dauermethode

3.3.3 Begründung zu Belastungsprogression
Wenig Belastungsprograssion sondern eher Dauer und Kontinuität weil das bei Ausdauer mehr bringt.

3.3.4 Begründung zu den angestrebten Trainingsbereichen

3.3.5 Begründung der ausgewählten Ausdauergeräte bzw. Bewegungsformen
Was dem Klienten Spaß macht, Motivation fördert und er zur Verfügung stehen hat

4 Literaturrecherche

Die folgende Tabelle beschreibt zwei Studien zum Thema „Effekte des Ausdauertrainings bei Übergewicht/Adipositas.

Tabelle 10: Vergleich zweier Studien zum Thema Effekte des Ausdauertrainings bei Übergewicht/Adipositas (eigene Darstellung)

	Studie 1	Studie 2
Studienleiter	Dorien De Strijcker, Bruno Lapauw, D Margriet Ouwens, Dominique Van de Velde, Dominique Hansen, Mirko Petrovic, Claude Cuvelier, Cajsa Tonoli, Patrick Calders	Damian Skrypnik, Paweł Bogdański, Edyta Mądry, Joanna Karolkiewicz, Marzena Ratajczak, Jakub Kryściak, Danuta Pupek-Musialik, Jarosław Walkowiak
Publikationsjahr	2018	2015
Forschungsfrage	Um die Auswirkung des Hochintensitätstrainings (HIT) auf die körperliche Fitness, das basale Atemaustauschverhältnis (bRER), die Insulinsensitivität und die Muskelhistologie bei übergewichtigen / fettleibigen Männern im Vergleich zum kontinuierlichen aeroben Training (CAT) zu bewerten.	Diese Studie untersuchte die Auswirkungen eines hochintensiven progressiven Widerstandstrainings (PRT) mit moderatem Gewichtsverlust (WL) im Vergleich zu WL allein auf entzündliche und endotheliale Biomarker bei älteren übergewichtigen Erwachsenen mit Typ-2-Diabetes.

		Vergleich der Auswirkungen von Ausdauertraining mit Ausdauertraining auf die Anthropometrie, Körperzusammensetzung, körperliche Leistungsfähigkeit und Kreislaufparameter bei adipösen Frauen.
Versuchspersonen	16 männliche Teilnehmer mit Übergewicht / Adipositas (Alter: 42-57 Jahre, Body-Mass-Index: 28-36 kg / m2)	44 Frauen mit abdominaler Adipositas
Versuchsaufbau	16 männliche Teilnehmer mit Übergewicht / Adipositas (Alter: 42-57 Jahre, Body-Mass-Index: 28-36 kg / m2) wurden zweimal pro Woche 10 Wochen lang nach HIT (n = 8) oder CAT (n = 8) randomisiert. HIT bestand aus 10 Minuten hochintensiven, 10 Minuten kontinuierlichen Aerobic- und 10 Minuten hochintensiven Übungen. CAT bestand aus dreimal 10 Minuten kontinuierlichem Training. Veränderungen in Anthropometrie, körperlicher und metabolischer Fitness wurden bewertet. Die Muskelhistologie (Mitochondrien und Lipidgehalt) wurde durch Transmissionselektronenmikroskopie (TEM) bewertet.	44 Frauen mit abdominaler Adipositas wurden in die Gruppen A und B randomisiert und gebeten, 3 Minuten lang, 3-mal pro Woche, 60 Minuten lang Ausdauer- (A) und Ausdauer-Krafttraining (B) durchzuführen. Die Dual-Energy-Röntgenabsorptiometrie und der Graded Exercise Test wurden vor und nach dem Training durchgeführt.
Relevante Ergebnisse und Schlussfolgerungen	Die HIT zeigte einen signifikanten Anstieg des VO2-Peaks (P = 0,01), der Insulinsensitivität (AUC-Glucose (P <0,001), des AUC-Insulins (P <0,001), des	Ergebnisse: Nach beiden Interventionsarten wurden signifikante Abnahmen der Körpermasse, des BMI, des Gesamtkörperfetts, der Gesamtkörperfettmasse sowie

OGTT-Composite-Scores (P = 0,007)) und eine signifikante Abnahme des bRER (P <0,001) im Vergleich zu CAT. Der Mitochondriengehalt der Muskeln war nach HIT am Subsarkolemmal (P = 0,004 Anzahl und P = 0,001 Oberfläche) sowie an der intermyofibrillären Stelle (P <0,001 Anzahl und P = 0,001 Oberfläche) signifikant erhöht.

Schlussfolgerung: Hochintensives Training hat im Vergleich zu kontinuierlichem aerobem Training stärkere positive Auswirkungen auf die körperliche Fitness, die basale RER, die Insulinsensitivität und den mitochondrialen Muskelgehalt.

des Taillen- und Hüftumfangs beobachtet. In Gruppe B wurden deutliche Erhöhungen der Gesamtkörpermager- und Gesamtkörperfett-freien Masse dokumentiert. In beiden Gruppen gingen signifikante Erhöhungen der maximalen Sauerstoffaufnahme, der Zeit bis zur Erschöpfung, der maximalen Arbeitsrate und der Arbeitsrate bei Beatmungsschwelle mit einer merklich verringerten Ruhe einher Herzfrequenz, ruhender systolischer Blutdruck und ruhender und trainierender diastolischer Blutdruck. Bei den untersuchten Parametern wurden keine signifikanten Unterschiede zwischen den Gruppen festgestellt.

Schlussfolgerung: Unsere Ergebnisse zeigen Hinweise auf einen günstigen und vergleichbaren Effekt des 3-monatigen Ausdauer- und Ausdauer-Krafttrainings auf anthropometrische Parameter, Körperzusammensetzung, körperliche Leistungsfähigkeit und Kreislauffunktion bei Frauen mit abdominaler Adipositas.

5 Literaturverzeichnis

Bachl, N., Löllgen, H., Tschan, H., Wackerhage H., Wessner, B. (Hrsg.). (2016). Molekulare Sport- und Leistungsphysiologie). Wien: Springer.

Bompa, T. O. & Carrera, M. C. (2005). Periodization training for sports. Science-based strength and conditioning plans for 20 sports (2. ed.). Champaign, IL: Human Ki-netics.

Buresh, R., Berg, K. & French, J. (2008). The effect of resistive exercise rest interval on hormonal response, strength and hypertrophy with training. Journal of Strength and Conditioning Research, 23 (1), 62-71.

Dierks, S., Schellhorn, M. (2014). Was ist ein realistisches Abnehmziel? Erwartun-gen an ein Online-Gewichtsreduktionsprogramm. In F. Taube (Hrsg.), Landwirt-schaft: Im Dilemma zwischen Weltmarkt- und gesellschaftlichen Ansprüchen?(S. 96-104). Kiel: Selbstverlag der Agrar- und Ernährungswissenschaftlichen Fakultät.

Damian Skrypnik 1 , Paweł Bogdański, Edyta Mądry, Joanna Karolkiewicz, Marzena Ratajczak, Jakub Kryściak, Danuta Pupek-Musialik, Jarosław Walkowiak (2015). Randomized Controlled Trial. Abstract online verfügbar unter: https://pubmed.ncbi.nlm.nih.gov/25968470/ zuletzt geprüft am 17.01.2021

Gottlob, A. (2018). Differenziertes Krafttraining mit Schwerpunkt Wirbelsäule, 46

Marx, J. O., Ratamess, N. A., Nindl, B. C., Gotshalk, L. A., Volek, J. S., Dohi, K. et al. (2001). Low volume circuit versus high-volume periodized resistance training in women. Medicine and science in sports and exercise, 33 (4), 635-643.

Dorien De Strijcker 1 , Bruno Lapauw, D Margriet Ouwens, Dominique Van de Velde, Dominique Hansen, Mirko Petrovic, Claude Cuvelier, Cajsa Tonoli, Patrick Calders (2018). Randomized Controlled Trial. Abstract online verfügbar unter: https://pubmed.ncbi.nlm.nih.gov/29855444/ zuletzt geprüft am 17.01.2021

Siegrist, M. (2004). Universitätsbibliothek der TU München. Dissertation online verfügbar unter: https://mediatum.ub.tum.de/?id=603160 zuletzt geprüft am 06.07.2020

Strack, A & Eifler, C. (2005). The individual lifting performance method (ILP) – a practical method for fitness- and recreational strength training. In J. Gießing, M. Fröhlich & P. Preuss (Hrsg.), Current Results of Strength Trainings Research – An empirical and theoretical Approach (S. 153-163). Göttingen: Cuvillier.

Wirth, K. Aatzor, K. R. & Schmidtbleicher, D. (2007). Veränderungen der Muskelmasse in Abhängigkeit von Trainingshäufigkeit und Leistungsniveau. Deutsche Zeitschrift für Sportmedizin, 58 (6), 178-183.

5.1 Tabellenverzeichnis